REGRESSO AVENTURADO
Adventurous Trip Home

Aprender Português, Intermédio (A2-B1)
Learning Intermediate Portuguese (A2-B1)

=Traduções em Inglês=
=English Translations=

Copyright © 2020
Todos os direitos reservados.
All rights reserved
JOAQUIM DUARTE
Tradução (Inglês): ALEX PANDZIK

Edição 1
ISBN: 9798674011385
Selo editorial: Independently published
Publicação e Comercialização: AMAZON
Agosto de 2020

ÍNDICE

DIA DA PARTIDA

Hoje é o dia da minha partida, vou para uma terra distante donde estou e não sei se algum dia voltarei. Nesta última semana que passou detive-me a inspecionar todos os cantos da casa de modo que nada de meu pudesse ficar. Precisava de tudo para levar comigo, não fosse fazer-me falta. Bom, na verdade não queria deixar por ali vestígios da minha passagem.

Estou de partida	– I am leaving
Detive-me a inspecionar	– I was tinking to myself to inspect
Vestígios	– Traces
Escusar de dizer	– It was understood
Gentileza	– Out of courtesy
Serventia de cozinha	– With kitchen
Extensões de terra	– Tracts of land,

É escusado dizer que vivia na casa alugada por uma pessoa, minha amiga e colega, que por gentileza me cedeu um quarto, com serventia da cozinha e casa de banho porque eu não tinha aonde ficar.

Vale das Hortas é uma região do Algarve onde todos os seus habitantes cultivam a terra, a maioria dos quais possui razoáveis extensões de terra, um hectare ou mais onde se cultivam produtos da época. Quando lá cheguei, era setembro, ainda haviam nabos para colher, e pouco depois as pessoas começaram a preparar as terras para as culturas de

> The phrase _a terra_ has many meanings. Capitalized it is the earth _a Terra_, in the sense of _o mundo_ - the world.
>
> Here the word is used in the sense of home, country, region or place ("a terra distante de aonde estou" or "a minha terra, bem a norte de Portugal" or "era uma terra pacata e simpática").
>
> But also earth or soil can be meant by _terra_ and in the broader sense arable land or garden. "Eles cultivam a terra, eles possuem grandes extensões de terra, eles preparam as terras para as culturas de terra".

inverno, como favas, alhos, ervilhas e cebolas (de inverno, claro, porque as outras seriam só no próximo ano).

Fui ali colocado como professor, muito longe da minha terra, bem a norte de Portugal, Torre de Dona Chama, de seu nome. Ali passei o outono, o inverno, a primavera e o início do verão. Era uma terra pacata e simpática e da minha casa, ou melhor, da casa que eu habitava, avistava-se, lá longe, o mar.

Quando o céu era claro, do pátio da minha casa, que era um segundo andar, distinguiam-se bem as linhas que separavam por um lado o céu do mar, e por outro, o mar da terra. Era muito mais sinuosa a linha entre o mar e a terra, tal como as vidas das pessoas, umas mais constantes, outras mais sinuosas.

À noite, antes de me deitar, ficou-me o costume, que então já não dispensava, de vir ao pátio, fumar um cigarro lançando o fumo, que se perdia a caminho do mar. Gostava desse hábito e um dia será, certamente, uma boa recordação daquela bela região.

A casa era uma moradia, em baixo havia um grande armazém e uma grande garagem, no primeiro andar viviam os proprietários, a Dona Maria, 78 anos de idade, e o Sr. João, 82. Ambos se arrastavam com dificuldade, mas

Avistar	– To see
Sinuosa	– Sinuous
Arrastar	– To drag
Banquinho	– A stool
Sachar	– To dig/To hoe
Suavizar	– To smooth out
Generosa	– Generous
Salamandra	– A woodstove
Incendiar com luz	– Lit them up

nem por isso deixavam de trabalhar o campo. Usavam um banquinho, e trabalhavam sentados. Era vê-los a sachar a terra, plantar e colher produtos, sempre sentados no banco. Para preparar as terras contratavam o Alberto, um homem dos seus cinquenta anos, que, com seu cavalo, lhe lavrava as terras. Então, tu trabalhas ou não, oh meu malandro, dizia o Sr. Alberto ao cavalo, quando este, já cansado de tanto puxar o arado, suavizava os movimentos da sua tarefa. O Alberto tratava muito mal o cavalo.

Por cima vivia a Albertina, a colega que me acolheu na sua casa, uma algarvia com os seus trinta e três anos, quase tantos como os meus trinta e cinco e nove, mas melhor vividos que os meus, acho eu, claro. Conheci a Tina (era assim que a tratava) quando ambos fomos colegas numa escola do norte de Portugal, ela professor de Francês e eu de Português, enfim ambos da área das línguas. Por ironia do destino fomos parar os dois ao mesmo local nesse ano. Fomos, e ainda somos, bastante próximos e bons amigos. A casa dela era uma casa generosa. Através do pátio, entrava-se diretamente para um "hall" de entrada. Em frente do "hall" tinha uma sala grande equipada com sofás, televisão, um armário para as loiças e uma salamandra para o aquecimento, ligada a uma chaminé. Do lado direito da sala havia um quarto.

Do lado esquerdo da sala havia outro quarto, com uma casa de banho privativa. Era o quarto da Albertina. O terceiro quarto, onde dormia eu, ficava à direita do "hall" e era ladeado por outra casa de banho. A cozinha situava-se à esquerda. Havia muita luz na casa porque todas as divisões tinham janelas. Logo pela manhã bem cedo, os raios penetravam nos quartos e incendiavam-nos de luz.

A casa onde eu vivia com a Albertina ficava no segundo andar, no primeiro andar viviam os proprietários e no rés-do-chão ficava um grande armazém e uma grande garagem. Para chegar à minha casa tinha de subir quarenta e oito degraus. Fazia isso pelo menos duas vezes por dia, pelo que já não precisava de ir ao ginásio. No armazém, rés-do-chão, os proprietários guardavam as alfaias agrícolas, os produtos

agrícolas e uma série

de arrumações. Era

local de trabalho e de

arrumação.   Lá

também preparavam

os seus produtos que

> The name of the floor is more important in Portugal than in other countries. It starts with "0" or *rés-do-chão* (*ground*), i.e. the 1st floor. *O primeiro andar* corresponds to our first floor, etc. Especially in high-rise buildings (*arranha-céus*) it is important to remember the floor number, because often there are no names on the apartment or flat numbers.

a Dona Maria vendia aos sábados no mercado local. Lá se

sentava na sua banca de venda, a Dona Maria. Era aí que

atendia a freguesia. Era muito trabalho para um casal jovem,

quanto mais para um casal idoso. Ao lado do armazém ficava outra grande divisão que servia de garagem,

> Alfaias agrícolas – Farming tools
> Banca de venda   – The marketplace
> Freguesia   – Customers
>
> Recantos da casa – I was searching all of the nooks and crannies of the house.
>
> "casa às costas" – To take everything with me

estavam lá normalmente três ou quatro carros, mas cabia lá

uma frota deles.

Na semana anterior, dizia eu no inicio, fui inspecionando todos os recantos da casa. Comecei pela garagem onde guardava em grandes caixas muitos dos meus pertences. Sim, porque eram muitos os bens que fui guardando ao longo de mais de vinte anos. Como tinha necessidade de saltar de terra em terra para trabalhar, e porque não tinha casa própria tinha de levar tudo comigo. Andava sempre com "a casa às costas" e precisava de alugar uma carrinha para a transportar os meus pertences para cada nova morada que ia arranjando. Para lá dos bens havia ainda uma cadela, a toninha, que também me acompanhava sempre.

Exercício 1 – Verbos: diga quais os tempos dos verbos que a seguir se apresentam. Say the verb tenses that follow:

a. Voltarei _____

b. Precisava_____

c. Deixar _____

d. Haviam_____

e. Colocado

f. avistava-se _____

g. ficou-me _____

h. ligada _____

i. penetravam

Exercício 2 – Perguntas sobre o testo: responda às seguintes questões sobre o texto apresentado. Answer the following questions about the text.

a. Qual é a profissão atual do autor atual do autor?

_____

b. Quem são os habitantes na moradia onde ele fica?

c. Descreva "a terra pacata e simpática" onde a história tem lugar.

_____

d. Qual é o trabalho da Dona Maria e quais são os locais onde trabalha?

_____

e. O que fez o autor na semana anterior?

_____

f. O que é o significado de "saltar de terra em terra para trabalhar"? Está um estilo de vida do que você gosta? Porque (não)?

_____

Exercício 3: Significados – Preencha os quadrados com o significado das palavras, usando palavras do texto. fill in the squares with the word's definition using the texto.

a. To be far away   ☐☐☐☐☐☐☐☐
b. Vegetal garden   ☐☐☐☐☐
c. Sinuous   ☐☐☐☐☐☐☐
d. Calm, quiet, peaceful   ☐☐☐☐☐☐
e. Back yard   ☐☐☐☐☐
f. To distinguish   ☐☐☐☐☐☐☐☐☐☐
g. custume   ☐☐☐☐☐☐☐
h. to pick (vegetables)   ☐☐☐☐☐☐
i. Chimne   ☐☐☐☐☐☐☐
j. Storages   ☐☐☐☐☐☐☐

k. Belongings   □□□□□□□□□
l. Cute Dog   □□□□□□

VIAGEM ACIDENTADA

Apesar de tudo ter sido arrumado desde a véspera, no dia

da partida ainda

havia, como sempre

acontece nestes

Carga — Cargo, luggage, to load the car
Nortenha – Northerner (From the North)
Deslocar – Relocate
Sobrar – That was not consumed
Habitáculo– Driver's side

momentos, muitas coisas para fazer. Uma a uma todas as

coisas foram transportadas para o velho carro, um Opel corsa

de dois lugares. Para cá veio cheio, para lá ainda levava mais

carga. Era tanta coisa que até o lugar no pendura, onde se

sentava a Tina, uma

Lugar do pendura – This is the seat
occupied by the person next to the driver..

nortenha que

também, tal como eu, estava deslocada e fazia a viagem de

regresso a Peniche, de onde é natural. As coisas eram tantas

que quase lhe tapavam a cara. Aos seus pés transportava, por

baixo garrafas de bebidas, água, vinho e uma ou outra bebida

sobrada da nossa estadia, alguns comes e bebes para a

viagem, e ainda dois grandes sacos carregados com

"bugigangas". Bom, na verdade, tivemos o cuidado de deixar a habitáculo do condutor livre e carregar mais o passageiro do lado.

bugigangas – Small things, things that are important to you, even if they are cheap.
Operação stop – Operation Stop. When the police stop cars on the road to check that everything is fine.
Nas barbas de – Under the eyes, in front of the nose (the police). In plain view of the police.
Tasca – Also known as tavern. Traditional name given to small businesses (there are only a few left) where you eat and drink in a traditional way, such as eating "iscas de cebolada" (means fried pork liver with onion) and drinking wine in bowls.

Sabíamos que a viagem iria ser estafante, mas o que não esperávamos era que, alguns quilómetros percorridos, ainda não tínhamos entrado na autoestrada, nos deparássemos com uma operação stop. Para mostrar os documentos foi necessário abrir o porta luvas o que obrigou a que saísse a Tina e toda a carga junto dela, incluindo uma

Estafante   – Wearying, fatiguing
Caminho longo – Long journey/trip/road
Frescura   – Chilly
Sobreaquecido – Overheated
Capô   – The hood

garrafa de whisky que vinha aos seus pés. Tudo isto nas barbas dos polícias que se riram da situação.

Tudo em ordem, porque o carro era velho, mas estava em perfeitas condições de circulação, e lá seguimos esse caminho longo.

A hora era de frescura, oito e meia da manhã, mas o tempo era de verão, o ar condicionado do carro eram as janelas abertas para deixar correr o ar, vindo do exterior e, empurrado pela deslocação do carro. Após ter percorrido cerca de dez quilómetro, perto de uma povoação, o meu carro avariou. Olhei para o manómetro da temperatura e verifiquei que o motor tinha sobreaquecido. Arrumei o carro na berma da estrada, abri o capô do carro e verifiquei que o carro não tinha água e que o radiador estava furado porque vertia um pouco de água.

Fui então à procura de arranjar água para colocar no meu carro. Andei alguns metros a pé

Radiador	– Car radiator
Furado	– Punctured
Garrafão	– Bottle of 5 Liters
Ladear	– to line
Postes	– telephone poles

e encontrei um senhor, que era dono de um café e se

chamava João. Arranjou-me um garrafão com água e prontificou-se a vir comigo para me ajudar. Colocamos a água no carro e de imediato o motor passou a funcionar. Entretanto aproveitei para descansar um pouco no café do senhor João, tomei um café, bebi uma água e li o jornal. Agradeci ao senhor João e segui o meu caminho.

Estávamos em Julho e no alto dos pinheiros que ladeavam a estrada havia muitos ninhos de cegonhas. Até no alto dos postes das comunicações havia ninhos de cegonhas que parecendo desafiar a natureza lá se mantinham perfeitamente equilibrados. Nalguns ninhos já se viam os filhotes de cegonha.

Pelo caminho ia parando para ir vendo o nível da água no motor e, uma vez que o radiador ia perdendo água tinha que ir colocando mais água no motor. Assim foi que, mesmo com dificuldade provocada pela avaria no meu carro, lá fui fazendo a minha viagem, até que, na próxima povoação, perguntei por um mecânico e logo me indicaram o Senhor Pedro, o mecânico da aldeia. Levei o carro à sua oficina, e sempre acompanhado do seu gato, e apesar de ser um sábado, trocou-me o radiador estragado por um novo. Nas terras pequenas, nas aldeias, toda a gente se conhece e até a Dona Augusta, vizinha do Senhor Pedro, sabe que o Magestic é o gato do Senhor Pedro. Conhecem-se todas as pessoas e todos animais da aldeia também os conhecem. Não há cão nem gato de quem não se saiba quem é o seu dono. Na oficina do Senhor Pedro aproveitei também para mudar o óleo do carro e o meu velho carro ficou pronto para continuar a viagem.

Decidimos passar por Évora e por pouco tempo fazer uma visita rápida à cidade. Évora eram uma cidade minha conhecida. Por lá perto havia eu andando dezenas de anos atrás, quando em jovem, cumpri o serviço militar obrigatório em Estremoz. Conhecia razoavelmente bem a cidade e resolvi mostrá-la à Tina. O que não esperava era que o meu carrinho velho, que me levava a todo o lado, nunca registando problemas, desta vez, voltou a avariar, precisamente, acabados de entrar em Évora. Fazia um barulho muito estranho e não sabíamos de que se tratava, mas era necessário verificar, até porque a viagem iria ser longa. Ali próximo vislumbramos uma pequena tasca de portas verdes altas e gradeadas como as tascas antigamente tinham. Lá entramos e perguntamos se nos poderiam indicar um mecânico. Oh Carapinha, disse o dono da tasca para um sujeito moreno, magro, e de cabelo encaracolado, aparentando os seus quarenta e poucos anos, chega aqui que estes senhores precisam de ti. A avaria era grave, tinha partido o eixo de suporte do motor e era necessário soldá-lo.

Lá partiu o senhor carapinha, não sei para onde, mas supostamente para a sua oficina, levando o meu carro e toda a mercadoria que ele transportava. Ficou de aparecer hora e meia depois ali mesmo na tasca do Zé Amaro, onde aproveitamos para almoçar, fígado de cebolada, arroz branco e uma salada de alface.

Passou uma hora e meia, passaram duas horas, e não havia sinal na estrada do regresso do senhor Carapinha ao volante do meu carro, supostamente já arranjado. Oh amigo tenha calma que o homem é sério e ele vai aparecer dizia-me o dono da tasca, vendo a minha cara preocupada. Não se preocupe. Assim foi! pouco tempo depois, vejo através da janela da tasca, lá bem ao fundo da estrada, o meu carro pequeno e branco, que vinha conduzido pelo Senhor Carapinha que, algum tempo depois parou na tasca, saiu do carro e me gritou, está como novo, é como vinho do Porto, quanto mais velho melhor.

Eramos para chegar antes das quinze horas e pelas dezoito horas da tarde lá chegamos nós ao nosso primeiro destino, à terra onde a Tina vivia, estávamos em Peniche. Foi aí que eu também pernoitei para no dia seguinte continuar a viagem, desta vez sozinho e, esperava eu, para uma viagem menos acidentada do que esta. Despedi-me da Tina, adeus Tina, em breve regressarei.

Exercício 4: conjuntivo: complete as frases com as formas dos verbos adequadas. Complete the sentences with the appropriate verb form.

a. Não se _____ (compreender) como é que as cegonhas se _____ (conseguir) equilibrar no alto dos postes das comunicações.

b. Com certeza _____ (haver) uma razão para que as cegonhas _____ (fazer) os seus ninhos nesses locais.

c. A primeira avaria do carro _____ (dever-se) ao facto de o radiador se _____ (ter) furado.

d. A segunda avaria _____ (acontecer), supostamente, porque um dos eixos de suporte ao motor se teria _____ (partir).

Exercício 5: Perguntas sobre o testo: questions about the text:

a. Qual a marca de carro que o autor conduzia?

_____

b. Descreve a primeira avaria ou falha do carro –o que aconteceu?

_____

c. Porque razão o autor queria mostrar Évora á Tina?

_____

d. Quem era o senhor Carapinha? Ele era uma pessoa séria e honesta?

_____

e. Onde pernoitaram os dois viajantes?

_____

Exercício 6: significados – Preencha os quadrados com o significado das palavras, usando palavras do texto. Meanings - fill in the squares with the word's definition using the text.

a. Passar a noite (To spend the night) ☐☐☐☐☐☐☐☐☐☐

b. Pessoas que viajam (The travelers) ☐☐☐☐☐☐☐☐☐☐

c. O motor deixar de funcionar (The car broke down) ☐☐☐☐☐☐☐☐

d. De modo razoável (Reasonably) ☐☐☐☐☐☐☐☐☐☐☐☐☐☐

e. Dia anterior (Day before) ☐☐☐☐☐☐☐☐

f. Levar a mercadoria (To carry) ☐☐☐☐☐☐☐☐☐☐☐

g. Fazer um desafio (To defy) ⬜⬜⬜⬜⬜⬜⬜

h. Local onde estão os filhotes (Nests) ⬜⬜⬜⬜⬜⬜

i. Ambiente natural   (Nature) ⬜⬜⬜⬜⬜⬜⬜⬜

j. Crias (Young/Puppy) ⬜⬜⬜⬜⬜⬜⬜⬜

A CHEGADA ÀS BERLENGAS

Disse que voltaria e uma semana depois estava de regresso à casa da Tina. Como escrevi antes, voltei para ver minha boa amiga Tina - juntamente com o meu velho amigo Patrick. A Tina convidou-nos para almoçar na sua casa e todos ficamos felizes por nos encontrarmos novamente e conversarmos um pouco sobre o que aconteceu depois de voltarmos para casa.

> Arquipélago das Berlengas – They are a group of three small granite islands near Peniche (about nine to ten kilometers from Peniche) known as Berlenga Grande, Estelas and Farilhões. They are listed as a World Biosphere Reserve by UNESCO.
> Berlenga Grande welcomes visitors, who usually stay in its São João Baptista fortress. People travel there for holidays and sightseeing. Diving is another activity that attracts a lot of people, whether experienced divers or for others who are part of groups learning to dive, organized by local diving schools.

Almoçamos juntos, eu, a Tina e o meu amigo Patrick, trocamos sentimentos e vivências. Disse-lhe que a viagem para norte decorreu sem sobressaltos e fui recebido pelos meus pais, já velhotes e sozinhos em casa, com alegria e euforia, natural, ao fim de tantos meses de ausência, e logo eu, seu único filho. Lá deixei a cadela Toninha, que eles não conheciam, disse-lhe eu, para lhes fazer companhia. A minha mãe, que sempre pensou que os animais devem estar numa corte ou presos nalgum lugar, gosta tanto da cadela que até já dorme com ela.

Falamos sobre os nossos planos para o futuro, eu, tal como a Tina, que desejaríamos ficar a trabalhar mais perto de casa e assim fazer companhia aos nossos pais. Após o almoço fomos dar um passeio e confraternizamos num bar à beira-mar enquanto contemplávamos o horizonte apreciando todo aquele esplendor que o ambiente que nos rodeava, nos oferecia.

Nessa noite pernoitamos em Peniche, na casa da Tina, porque no dia seguinte o nosso destino seria outro, ir até às Berlengas, uma ilha ao largo de Peniche. Logo de manhã cedo, após um pequeno almoço rápido, despedimo-nos da Tina agradecendo-lhe a hospitalidade, eu e o Patrick estávamos a caminho das Ilhas Berlengas, onde pretendíamos passar alguns dias relaxados após o esforço

Nidificar	– To nest
Conterrâneo	– Fellow
Dormentes	– Most tired people
Num movimento	
Imprevisível	– In unpredictable movement
Enjoo	– seasickness
Cambalhotas	– somersaulted
Não passava	– was nothing more
Paquete	– cruise ship

das últimas semanas, lá partimos a caminho da ilha.

Tinha ouvido falar acerca desta ilha, meio deserta, onde as gaivotas nidificam pela primavera e o silêncio e a tranquilidade reinam todo o ano. As poucas pessoas que lá vivem, não são suficientes para fazer esquecer o seu lado desértico, parecendo esquecida no tempo e abandonada à sua sorte.

Eu e o meu amigo Patrick, de trinta de quatro anos, meu conterrâneo, amigo de longa data, já desde crianças, para lá nos dirigimos. Apanhamos o barco logo de manhã bem cedo, às sete da manhã, altura em que a brisa fresca do mar abria os olhos aos mais dormentes. Os passageiros subiram a bordo, em fila indiana, por umas escadas que abanavam ao sabor das ondas e do vento, e que nos desequilibravam, porque o mar está sempre a mexer, num movimento imprevisível. O Patrick, conhecendo estas coisas dos barcos e das viagens marítimas, tinha tomado anteriormente um comprimido para o enjoo, coisa que a mim me não preocupava. O barco até podia dar cambalhotas que o enjoo não me pegava. Este barco, na verdade não passava de um pequeno objeto flutuante de transporte de passageiros.

Veio-me à lembrança uma viagem de alguns dias no mar ligando os continentes europeu e africano, que há cerca de duas dezenas de anos atrás se faziam em grandes paquetes que cruzavam oceanos, cheios de gentes e com os seus haveres, uns de regresso às suas casas depois de umas temporadas longe, e outros para lá se dirigiam por algum tempo e outros por lá ficavam.

Esses sim, eram cidades flutuantes. Haviam igrejas, salas de jogo, restaurantes, cafés e muitos locais de convívio a bordo. Começava-se a viagem e nem quando ela terminava se conhecia tudo no seu interior. O navio era tão alto que o mar que o rodeava, parecia estar longe e nalguns locais onde atracava, por ser tão alto o navio, e porque as pontes eram baixas, estas se levantavam para lhe dar passagem. Ao passar a zona do equador viam-se cá em baixo um mar de golfinhos que aos saltos junto do navio, o acompanhavam durante uma parte do seu trajeto.

Este barco onde íamos a caminho da ilha, ia cheio com pessoas quer na parte de baixo, quer na parte superior, onde nós íamos. Havia pessoas vindas dos mais variados locais e por motivos diferentes. Uns para descasarem e passar uns dias de férias, outros para fazerem mergulho e outros ainda por questões ligadas à pesca, que nestas águas, apesar de proibida era um forte atrativo devido à sua riqueza piscícola.

Ao centro e na parte superior do barco via-se o comandante do navio rodeado de algumas pessoas. Quem quisesse podia ir até ao local de comando do navio para ver como funcionava e eram simpaticamente recebidos pelo comandante. Ele até nos emprestava o seu boné de marinheiro e nos colocava aos comandos daquele volante de pontas soltas a fazer de conta que conduzíamos o navio para uma fotografia. Era um sobe e desce de pessoas nas escadas estreitas e altas do navio, de baixo para cima e de cima para baixo.

O barco ia contra as ondas grandes e quando as encontrava subia primeiro a proa e quando esta descia subia a popa que logo de seguida descia também. Era um balanço constante que transformou a cara do Patrick num tom amarelado e lhe tolheu os movimentos. Nem os olhos mexia. Acima e abaixo, ao sabor das ondas do mar, lá ia o barco galgando terreno marítimo com a ilha no horizonte.

Cerca de meia hora depois estávamos nós a desembarcar na ilha. Outra vez as escadas a tremer era o nosso único meio para o desembarque. Descarregamos as nossas coisas e pusemo-nos a caminho dos nossos aposentos que ficavam do lado oposto da ilha,

Riqueza Piscícola	– Rich in sealife
Galgar Terreno	– To gain ground
meio	– Only way
aposentos	– lodgings; habitations; room
Subimos ladeira acima	– We ascended uphill
serpenteados	– on winding paths
Picado	– To dive; to peck our heads
Sobressair	– To stood out

ou melhor, do lado oposto do monte, sim porque a ilha era como uma grande montanha.

Subimos ladeira acima por caminhos serpenteados e à nossa volta só víamos gaivotas nos seus ninhos. Algumas estavam mesmo junto ao caminho onde nós passávamos, umas pousadas sobre os seus ovos, de tons branco e acastanhado e outras algures a procurarem alimento enquanto desguarneciam os ovos, que ficavam silenciosamente à sua espera. Estavam na época de reprodução. À nossa passagem agitavam os bicos e as asas para nos afugentar, aqueles eram os seus momentos e os seus domínios. Outras vinham do ar em voo picado sobre as nossas cabeças. Umas e outras faziam sobressair na paisagem esse branco das gaivotas, quer à direita, à esquerda ou por cima de nós.

Depois de chegarmos ao topo desta montanha, sem árvores e com vegetação rasteira e pouco densa, carregados com a mercadoria, que eram os nossos pertences, descemos depois para o lado oposto a caminho do nosso alojamento.

A paisagem vista de cima era deslumbrante aos olhos e aos sentidos. Lá em baixo, a costa da ilha, com rochas e areia que se uniam num tom de amarelo torrado misturado com um tom avermelhado tipo ruivo, ondulava junto com o mar ponteado de aves que naquele local abundavam. Não eram apenas gaivotas, mas haviam outras aves, como as cagarras, que também se podiam avistar, parecendo pequenos pontos coloridos sobre as águas, umas vezes nadando e outras voando sobre elas.

Chegados ao nosso destino, qual não foi o nosso espanto quando descobrimos haver um outro porto de desembarque onde o barco que nos transportou também aí desembarcava e que por isso poderíamos ter evitado o esforço de subir e descer a montanha com a carga às costas. Enfim, há sempre males que vêm por bem, não fosse isso também não teríamos visto a paisagem e todo o ambiente à nossa volta, que, apesar do esforço, especialmente do Patrick, valeu bem a pena.

Exercício 7: Verbos: o infinitivo pessoal – As frases seguintes estão escritas usando o infinitivo pessoal. Escreva uma outra frase que exprima o mesmo sentido. The following sentences are written using the infinitive. Write another sentence that expresses the same meaning.

a.   Ficamos felizes por nos encontrarmos.

Resposta:

_____

b.   Depois de voltarmos para casa.

Resposta:

_____

c.   Ao passar a zona do equador.

Resposta:

_____

d.   Uns para descasarem e outros para fazerem mergulho.

Resposta:

_____

e.   Para nos afugentar.

Resposta:

_____

f.   Depois de chegarmos.

Resposta:

_____

Exercício 8: Verdadeiro ou falso? – Marque as frases verdadeiras. Mark the true sentences.

a. O Patrick é um colega que o autor conhece há um ano.

b. Os amigos estavam a caminho das Ilhas Desertas.

c. O autor já viajou num paquete.

d. O Patrick tinha tomado um comprimido para o enjoo e sentiu-se bem.

e. Havia um guia que recebeu os amigos no porto e trouxe a carga deles.

f. As cegonhas tinham os seus ninhos em cima da montanha.

g. Chegados ao seu destino os amigos descobriram um outro porto.

h. O resultado do caminho esforçado foi que valeu a pena, especialmente pelo Patrick.

Exercício 9: Significados semelhantes – Forme pares. Form pairs.

1) Gaivota	a) dormir
2) Paquete	b) Montanha
3) Ladeira	c) Trabalho
4) Pernoitar	d) Navio
5) Esforço	e) Cegonha

O FORTE

Chegáramos muito cansados ao nosso destino, um castelo em muito mau estado de conservação. Entrava-se por uma imponente porta, aliás não havia outra porta de entrada. Essa porta dava acesso a um "*hall*" de entrada que depois se abria para um enorme pátio, à volta de qual se distribuíam inúmeros quartos onde se instalavam os hóspedes.

A história desse forte encontrava-se contada em "*posters*" colocados à entrada, pendurados nas grossas paredes de pedra. Foi em tempos um castelo de defesa da ilha e que teria em tempos travado uma batalha com o inimigo, contando histórias de valentia dos soldados que defendiam o forte.

Mau estado de conservação	– bad condition
Travar (uma batalha)	– To fight
Carrancudo	– Frowning
Que albergavam	– That housed

Após entrarmos no castelo fomos recebidos por um velho carrancudo que, sem dizer uma palavra, nos olhou fixamente, com cara de poucos amigos, e de imediato nos conduziu aos nossos aposentos. Foram-nos entregues as chaves de dois pequenos quartos, sujos e sombrios e com pequenas camas com colchões que cheiravam mal, lavatórios que cheiravam a chichi e com bidés que albergavam aranhas que calmamente teciam as suas teias.

Cada um dos quartos tinha duas pequenas janelas altas que se abriam para paredes grossas e se alargavam para fora deixando ver o mar, vivo e majestoso, com as suas enormes vagas, que com toda a sua força batiam contra as muralhas do castelo. Lá em baixo junto à costa, que se avistava das janelas dos quartos, as ondas morriam nas areias de um pequeno areal situado do lado norte.

Poça	– Small pool
Comida enlatada	– Canning food
Traçar	– To save
Entregando-o ao mar	– Returning it the sea
Gélido	– Freezing
Optar	– To opt

Enquanto observávamos esse cenário, eis que surge, quase sem se dar por isso, a criada, a D. Quitéria, aspeto triste e tez morena, que vendo o nosso espanto, perante tal cenário logo adiantou:

As ondas do mar são vida, não se repetem e sucedem-se a cada instante, umas maiores outras mais pequenas, umas correndo mais depressa, e noutras alturas mais devagar, consoante o ânimo do vento. A D. Quitéria, apesar do ar triste e melancólico, ao contrário do velho Colombo, era simpática.

Os quartos eram o dezasseis, que foi entregue ao Patrick e o vinte e um foi-me entregue a mim. Este fiquei logo a seguir aquela que era conhecida como a retrete dos soldados, que repousava, por cima de umas boas dezenas de metros, sobre o

> The number 666 or 666666 already appears in the Bible as the number of the "beast" or "Antichrist", the devil. In many countries - regardless of language - this is also the case.

mar. Sobre essa dita retrete dos soldados havia uma satânica inscrição, o número da besta: *666666*. Entre o quarto dezasseis e o vinte e um não parecia haver ocupação, tal o silêncio que se ouvia.

Recolhemos nos quartos as nossas bagagens, roupas e outros utensílios pessoais, muita água, porque lá era racionada, e também comida, especialmente comida fria como enlatados, fruta e pão. Esses alimentos foram o nosso jantar durante os cinco dias que ali permanecemos.

Logo nesse dia, o dia da chegada, eram cerca de dez e meia da manhã, descemos até ao areal e pelo caminho avistamos, entre as rochas, várias pequenas poças de água salgada, restos da maré alta que se tinha verificado algumas horas atrás.

Foi com algum espanto que verificamos existir numa dessas poças um peixe de cerca de um quilograma, uma dourada, que, sabe-se lá como, ali teria ficado preso com a maré baixa. A poça era pequena e o peixe era grande. Debatia-se num espaço tão pequeno quando a sua casa era um mar imenso.

Foi o Patrick quem, literalmente, o apanhou com as suas mãos e, descendo mais um pouco até ao mar, lhe traçou o destino entregando-o ao mar e devolvendo-lhe a liberdade e a vida no seu ambiente natural.

Mantivemo-nos por cerca de hora e meia na praia, apanhamos sol e tomamos banho naquelas águas gélidas do atlântico. Passamos uma ótima manhã numa praia, que não sendo grande, foi grande demais por ser só para nós. Não havia mais ninguém por ali.

Voltamos aos quartos e pouco tempo depois estávamos no único restaurante que havia no forte. Na verdade, não era bem um restaurante, era um local onde se serviam somente almoços. Havia apenas dois pratos à escolha, um de peixe e outro de carne. Também havia sandes e saladas para quem quisesse. A dona Quitéria era quem preparava e servia as refeições e o seu marido era o velho Colombo.

O Patrick, porque, no geral, não comia proteínas animais (mas comia ovos, leite e queijo, por exemplo) optou por uma salada com queijo e eu optei por um prato de peixe. Uma dourada grelhada (tinha a certeza absoluta que não era a que devolvemos ao mar) com batatas cozidas.

É assim a vida, somos todos diferentes uns dos outros, mas o importante é que se esteja de bem com a nossa consciência. O Patrick, estava bem com dele e eu também estava bem com a minha consciência. Uma dourada devolvida ao mar e outra no prato grelhada.

Nos sombrios quartos havia água salgada para que as pessoas se lavassem. A água doce era racionada a apenas um "*Jerrican*" (pequeno jarro – era assim que lhe chamavam) por dia. As partes do corpo que não eram lavadas por preguiça, falta de água ou outras causas, ficava branca, do sal do mar. Essa pouca água também tinha que dar para beber.

De noite era quase impossível ver a porta que dava acesso á retrete dos soldados - era tal a escuridão, quanto mais o seu interior. Além de que era perigoso abandonar os quartos de noite porque sem luz que nos guiasse até se poderia tropeçar e bater nalgum monte de ervas, ou outro qualquer objeto.

Foi neste ambiente que ficaram os dois amigos, e logo que puderam dormiram um sono tranquilo, que o cansaço era muito e qualquer cama os faria adormecer. Assim se passou o dia da chegada ao castelo e assim se passou a primeira noite.

Exercício 10: se apassivante – Coloque na forma ativa cada uma das seguintes frases retiradas do texto, atribuindo à frase um agente que pode ser, por exemplo, os dois amigos ou o peixe. Change each of the following sentences in passive voice to active voice. Use a character from the text, for example, two friends, the fish, etc.

a. Entrava-se por uma imponente porta.

   Resposta: _____

b. Lá em baixo junto à costa, que se avistava das janelas dos quartos.

   Resposta: _____

c. Sabe-se lá como ali teria ficado preso com a maré baixa.

   Resposta: _____

d. ouviu-se um estranho barulho no mar proveniente do disparo descontrolado de ar da botija da Jessica.

   Resposta: _____

Exercício 11: cronologia – Ponha as frases na ordem correta da história atribuindo números a cada frase de acordo com essa ordem! – **Chronology:** Put the sentences in the correct order of the story by assigning numbers to each one.

a.   O Patrick optou por uma salada com queijo.

b.   De noite era quase impossível ver a porta que dava acesso á retrete dos soldados.

c.   Nos sombrios quartos havia água salgada para que as pessoas se lavassem.

d.   A D. Quitéria, apesar do ar triste e melancólico, ao contrário do velho Colombo, era simpática.

e.   Foram-nos entregues as chaves de dois pequenos quartos.

f.   A poça era pequena e o peixe era grande.

O MERGULHO

Com o tempo, o velho Colombo foi-se aproximando das pessoas e tornou-se mais simpático. Falava com frequência dos seus feitos de mergulhador e de caça submarina, dos equipamentos de mergulho e de caça, enfim, tudo que tivesse a ver com essas atividades desportivas.

Disse-nos, inclusive, que o peixe que costuma caçar no mar é o peixe com que abastece o seu restaurante. No dia em que chegamos, disse-nos ele, que pescou, a meio da manhã, um polvo e uma dourada. O polvo olhava para ele entre as rochas e a dourada andava sozinha no mar.

Eu sei que o cais está perto do local onde libertamos a dourada, presa numa poça nas rochas, no dia em que chegamos, mas continuo a pensar que a dourada grelhada que eu comi ao almoço no restaurante do Colombo, não era a mesma dourada que o Partick entregou ao mar, encalhada nas rochas, em resultado da baixa da maré, mas agora, não tenho, no entanto, a certeza absoluta que tinha quando a comi e disse que de certeza absoluta não era o mesmo peixe que libertamos das rochas. As certezas por vezes traem-nos, porque muitas vezes nos enganamos nos nossos juízos.

Dizia o Colombo que às vezes saía de casa, e, umas vezes antes de começar a trabalhar e outras vezes a meio do trabalho, ia fazer mergulho, com a roupa que trazia, sem a despir. Para isso apenas se equipava com um fato de mergulho especial que vestia por cima da roupa e, quando saía da água bastava tirar o fato de mergulho e ia trabalhar com a roupa que trazia no corpo, pois estava completamente seca. Quer experimentar, perguntou-me o Colombo em tom de desafio?

Não aceitei o desafio porque não costumo envolver-me em coisas que desconheço mas o Patrick ofereceu-se para essa experiência. Estavam connosco dois jovens, a Jessica e o Russel que também acharam a ideia interessante e também se ofereceram para protagonizar essa aventura.

Pouco passava das dez e meia da noite quando, no restaurante do castelo – porque além de restaurante era também sala de convívio, bar, local de encontro para atividades desportivas, enfim um multifunções – notava-se uma azáfama invulgar. Eram várias as botijas de oxigénio espalhadas pelo chão tal como outros artigos, tais como fatos de mergulho, relógios câmaras, holofotes, etc.

Foi perante este cenário que eu e o Patrick entráramos no restaurante. O Patrick, perante tal aparato, logo escolheu o seu fato de mergulho que o Colombo considerou ser o mais adequado para aquelas circunstâncias. Tratava-se de um fato de mergulho seco, de tal modo que mergulhando nas águas do mar nem uma gota de água entrava no corpo, nem a temperatura do corpo se alterava, mantendo este á temperatura ideal.

De entre todos, só o velho tinha experiência de mergulho, sendo que todos os outros iriam mergulhar pela primeira vez. Receberam uma curta explicação do velho de como funcionava o sistema de tratamento de ar da botija de modo a saberem descer ou subir na água.

Todos tinham fato de mergulho, garrafas de oxigénio e coletes exceto o Patrick que só levava o fato de mergulho

Explorar	– To operate
Exposto	– Exposed
Atrapalhação	– Distress
Boneco insuflado	– Inflated doll
Aflições	– Distress
Manejo	– Handling

vestido. Equipou-se o velho, a Jessica – a empregada do bar – também este explorado pela dona Quitéria e pelo Colombo, que ficava no mesmo local do restaurante – e filha de um amigo do velho, assim como um primo desta, o Russel.

Foram todos para junto do cais de mergulho, bem próximo do castelo. Quase à meia noite, era tão escuro que, sem o holofote, nem se saberia onde terminava o cais e começava a água.

Saltou primeiro o velho, deu algumas indicações acerca da corrente da água, da ondulação e deu ordem de entrada para o Russel. De seguida entrou a Jessica na água e finalmente o Patrick.

Eu fiquei no cais com um holofote na mão e coberto com um cobertor porque, apesar de ser verão, e bem entrados na noite, altura em que o vento soprava frio naquele cais desprotegido e exposto ao vento e às marés.

Foi com alguma surpresa que, com o holofote apontado ao Patrick, verifiquei o seu estado de atrapalhação. Parecia um boneco insuflado que não se conseguia controlar dentro daquele fato, ora virando-se para baixo, ora rebolando e virando-se para cima sem conseguia nadar. Puxavam-lhe as pernas para cima e cabeça para baixo, dizia-me ele mais tarde.

Ao fim de algum tempo, lutando com as águas, comunicou que ia sair e assim o fez. De seguida ouve-se um estranho barulho no mar proveniente do disparo descontrolado de ar da botija da Jessica. A sua atrapalhação foi tanta que nem sabia para que lado se encontrava o cais. Só o descobriu quando lhe apontei o holofote.

Nadou ofegante para terra firme não dando, no entanto, parte de fraca. Poderia ter sido perigosa a sua aventura dado que sem ar e com peso a mais em chumbo que levava á cintura poderia ter-se afogado.

Surgem depois á superfície o velho e o rapaz, ao que o primeiro ordenou que se abandonasse o mergulho porque segundo as regras ou mergulhavam todos ou não mergulhava ninguém.

Cometeu, no entanto, um grave erro que poderia ter causado a morte do Russel. É que sendo ele o mais experiente e tendo sido o primeiro a entrar na água deveria também ter sido o último a sair.

Foi o Russel o último a abandonar o mar sem que antes passasse por grandes aflições. Ao tentar subir para sair da água enganou-se no manejo do mecanismo do ar no colete e em vez de o encher com ar esvaziou-o.

O resultado foi ter descido cerca de dois metros na água e o seu descontrole foi tanto que se viam muitas bolhas á superfície resultado da sua respiração ofegante assim como esbracejava constantemente.

Por sorte lá conseguiu subir sem a ajuda de ninguém, já que ninguém estava na água para o ajudar. Ficou a lição duma aventura cujas consequências não foram corretamente analisadas e o risco nem sequer foi calculado pelo velho Colombo, que era de entre todos o que dominava as técnicas de mergulho faltando-lhe, no entanto, o bom senso para esmorecer os ânimos e o voluntariado dos jovens.

Exercício 12: Pretérito Imperfeito – Nas frases seguintes 1 – identifique a forma verbal apresentada e 2 – coloque no pretérito imperfeito cada uma das frases. Past imperfect: In the following sentences 1 - identify the verb form presented and 2 - put each of the sentences in the past tense.

a. <u>Chegáramos</u> muito cansados ao nosso destino.

Resposta 1:
_____

Resposta 2:
_____

b. Enquanto eu <u>entrei</u> no quarto vinte e um...

Resposta 1:
_____

Resposta 2:
_____

c. <u>Recolhemos</u> nos quartos as nossas bagagens.

Resposta 1:
_____

Resposta 2:
_____

d. O Patrick <u>tinha tomado</u> um comprimido.

Resposta 1:
_____

Resposta 2:
_____

e. Esses alimentos <u>foram</u> o nosso jantar.

Resposta 1:
_____

Resposta 2:
_____

f. As cegonhas <u>fazem</u> os seus ninhos em cima da montanha.

Resposta 1:

Resposta 2:

g. Chegados ao seu destino os amigos <u>descobriram</u>...

Resposta 1:

Resposta 2:

Exercício 13: Compreensão: responda às perguntas seguintes sobre o texto. Answer the following questions about the text.

a. Que pensamento atormentou o autor refletindo sobre a dourada?

b. Qual foi o desafio que o velho Colombo deu aos seus clientes? O autor aceitou-o?

c. De que maneira o Colombo preparava os protagonistas para a aventura?

d. Descreve o que aconteceu ao Patrick.

_____

e. Como foi que a Jessica se orientou no cais?

_____

f. O Russel cometeu um erro de manejo – qual foi?

_____

Exercício 14: Definições – Indique as palavras que resultam de cada definição. Indicate the words that result from each definition.

a. Uma tarefa difícil e aventurosa →

b. Tirar as roupas →

c. Só um bocadinho de água →

d. Fazer um juízo falso, julgar incorretamente →

e. Quem é o filho da sua tia em relação a si? →

f. Uma roupa que dá segurança no mar e perante o mergulho →

CRIME SEM CASTIGO?

Estávamos na terceira noite e eram onze horas quando eu e o meu amigo Sargo nos fomos deitar. O Sargo no quarto dezasseis e eu no vinte e um. Não havia muitos quartos, nesta parte poente do forte. Eram apenas seis, porque os outros estavam praticamente inabitáveis. Havia o meu, o quarto vinte e um, o do Sargo, o quarto dezasseis, e ainda o quarto dezassete, dezanove, vinte e vinte e dois que também estavam habitados.

parte poente	– west wing of the fortress
inabitável	– uninhabitable place
perturbando-me o sono	– disturbed sleep
abanava	– it shook
entretive-me	– I entertained myself

A noite era escura, especialmente naquele local e aquela hora em que as luzes se apagaram, como de costume, e só a luz do luar iluminava suavemente o castelo. Com alguma dificuldade adormeci. O meu pensamento estava longe e percorria a minha mente perturbando-me o sono e fazendo-me despertar por volta da meia-noite e trinta. Levantei-me e abri a pesada e insegura porta do meu quarto.

Era tão insegura a porta que abanava e se deslocava da parede quando tocada por um vento um pouco mais apressado. Sentei-me nas escadas que do meu quarto desciam até ao grande pátio, e que em tempos longínquos, quando o forte era mesmo um forte com tropas e tudo, se reuniam ali todos os soldados em formatura pelo menos duas vezes ao dia. Sentei-me nos degraus e entretive-me a observar as figuras de fumo que o meu cigarro me permitia soltar.

O silêncio era aterrador e mais aterrador se tornou quando do quarto dezassete vi sair a figura de um homem com aspeto sinistro, de aparência solitária e que se foi passeando no

Aspeto sinistro – sinister-looking person
Senti calafrios   – I felt a cold chill
sorrateiramente – stealthily / sneakily
num ápice   – suddenly

pátio interior à volta do qual se distribuíam os quartos, e que dividia os quartos exteriores virados para o mar pela parte de trás e virados para o pátio pela parte da frente, dos outros interiores virados para o pátio pela frente, e para o monte traseiro ao forte pela parte de trás.

Apressei-me a terminar de fumar porque aquela figura causou-me alguns calafrios e sorrateiramente fui deitar-me novamente. Só voltei a acordar de manhã muito cedo logo ao romper do sol. Saí então do quarto já sem medo, porque a luz do dia me protegia e me transmitia segurança. Desloquei-me calmamente até ao quarto do meu amigo Sargo.

Olhei através da janela de vidro do quarto e vi-o dormir profundamente. Fiz o mesmo no quarto dezassete e vi a dita figura sinistra atrás citada, deitada na cama, e assustei-me porque esse homem, de quem não sabia o nome, donde vinha, o que fazia e para onde ia, estava acordado e o olhava fixamente sem fazer transparecer qualquer sinal de espanto ou de medo. Afastei-me rapidamente.

despejavam	– water splashed out
caído em desgraça	– he was disgraced
ilhéu	– a small island / a tiny island

Às oito horas em ponto foi aberta a porta do castelo pelo velho Colombo, qual prisão que libertava as suas gentes e lhes permitia saírem em liberdade. Num ápice saiu o tal homem sinistro.

Perguntei ao velho Colombo se havia mais alguém nos outros quartos ao que ele me respondeu que o quarto dezanove albergava um negociante de peixe que ali estava para extrair do mar as possibilidades de pescado que ele dava e que não gostava de ser visto por ser proibida a pesca naquelas águas, pois que aqueles mares eram reserva marítima natural, o Jacques More, assim como um seu amigo, que estava no quarto contíguo ao seu.

No quarto seguinte, o quarto vinte, estava o tal amigo do Jacques e que com ele partilhava os seus negócios pouco claros, que o quarto com janela de vidro na porta

> Não fosse o diabo tecê-las – Is a Portuguese expression used when doing something to prevent an unwanted situation, (to prevent things from going wrong).

de entrada não conseguia revelar. Chamava-se Gost este

último. Restava apenas o quarto vinte e dois, que ficava a seguir ao meu e muito próximo da lixeira, composta por papéis, latas vazias, plásticos, alguns, mas poucos restos de comida, porque tudo o que havia era para se consumir racionalmente para que a mesma chegasse para os dias que cada hóspede lá se hospedasse, não fosse o diabo tecê-las e a gula fosse tanta que de tanto comer poderiam ter de ir-se embora porque não havia onde adquirir mais mantimentos.

A lixeira era dos locais mais bem cheirosos, porque lá também se despejavam as águas de lavar os corpos misturadas com o cheiro a sabonete que até se tornava agradável sentir aquele cheiro a sabonete. Neste último quarto, o quarto vinte e dois, que estava perto da lixeira e também estava perto da retrete dos soldados, habitava o Joka (nome falso que escondia a sua verdadeira origem, caído em desgraça após a suspeita morte da sua amada), que a partir desse dia nunca mais foi visto. A porta do seu quarto estava fechada, mas a janela que dava para o mar estava aberta.

Nem o Joka nunca mais foi visto nem o homem sinistro voltou a <u>aparecer</u>, desde que pela última vez saiu do castelo no dia do desaparecimento do Joka.

Levou consigo a roupa do corpo que era tudo o que tinha, mais o seu barco no qual se fez transportar para abandonar o ilhéu sobre o qual repousava quieto e firme o imponente forte. Todos se tornaram suspeitos pelo desaparecimento do Joka, o qual se suponha <u>ter sido</u> assassinado e atirado ao mar apesar de que na sua cama não <u>terem sido</u> encontrados vestígios de sangue ou outros, e também porque os dias passaram e o Joka não voltou a aparecer. No seu quarto <u>extraíram-se</u> também impressões digitais que não correspondiam a nenhum dos hóspedes ainda presentes.

Se ninguém sabia nada do sinistro homem também ninguém nada sabia ou dizia nada saber do infeliz Joka. Sabia-se apenas que no dia anterior ao seu desaparecimento foi visto a conversar por breves instantes com o Jacques More. Este dizia, no entanto, não o conhecer e que as breves palavras trocadas foram simples palavras de circunstância. Falava-se que o Gost e o Jacques estariam ligados a negócios proibidos, daí terem sido interrogados na polícia durante cerca de quatro horas consecutivas no primeiro dia de interrogatórios, exatamente no dia do desaparecimento do Joka.

autor do crime	– the author of the crime (the criminal)
vestígio	– traces / remains
haveres	– possessions
malogrado	– unfortunate one
raiar do dia	– the dawn
lenda	– legend
caminha	– bed (diminutive)

Após esse interrogatório nada apontava para que estivessem associados ao assassinato do Joka. Ao contrário, era cada vez mais evidente ser o homem sinistro o autor do crime, pela maneira rápida com que desapareceu e sem deixar qualquer vestígio. Terminado o interrogatório, o Jacques e o Gost partiram, como de costume, para uma noite de pesca levando os seus haveres, para que no final da pesca se ausentassem para vender o seu pescado e tratar de seus outros negócios.

Foi, portanto, com alguma surpresa que após mais uma busca, desta vez muito mais minuciosa, ao quarto do Jacques, se encontrou, na tampa preta e de borracha da sanita do seu quarto, um ligeiro vestígio de sangue que se veio a confirmar ser do Joka e com impressões digitais idênticas às que foram tiradas na cama do Jacques. Não havia dúvidas, o Jacques e o Gost estariam envolvidos no crime.

Um problema, no entanto, se levantava: como foi possível lançar o corpo ao mar sem que ninguém o tivesse visto. Só uma explicação era possível: O homem de figura sinistra estaria também envolvido no crime e teria eventualmente recolhido o corpo do malogrado Joka aquando da sua saída logo pelo raiar do dia. Procuraram o Jacques através dos dados que dele havia. Mas aquela morada e aquele nome não correspondiam. Nem a sua identificação era correta. Todos os seus dados eram falsos e veio depois a constatar-se que o Joka e o Jacques se conheciam e tinham entre eles querelas de negócios e outras nunca resolvidas e que este último teria sido várias vezes ameaçado pelo primeiro.

Terminava assim mais uma vida e iniciava-se mais uma lenda: a de Joka, ou Jack de seu nome verdadeiro, fora assassinado por Jacques, ou seja, John, seu verdadeiro nome, vingando a sorte ou falta dela de um tempo já distante, mas não esquecido.

Olho para cima e vejo o homem sinistro, estava o sol a nascer, bom dia vizinho, então a dormir nas escadas frias? Sempre estaria melhor na caminha, não acha?

Negações: nem e não:

The word "nem" can be used as a conjunction and links negative words or sentences, (Example 1 "nem... nem": "Nem o homem sinistro voltou nem voltou a ser visto." (The sinister man neither came back, nor was seen again. Example 2 "nem que" + conjunction: "Ela não gostava dele nem que ele lhe tivesse dado flores." (She did not like him even though he gave her flowers). "Nem" also is used as a negating adverb. Example: "Ele nem sabia para que lado era o norte." (He did not even know which was was the north). However, in this case "nem" is sometimes associated with "sequer".

The word "não" on the other hand is only used as a negating adverb. In the sentence, "Ele nem conseguiu falar comigo" (He was not able to talk with me), we could perfectly well say, "Ele não conseguiu falar comigo" (He did not talk with me).

Exercício 15: formas verbais – Considerando as seguintes frases, 1 – <u>Indique</u> qual a sua forma verbal; 2 – <u>Altere a frases</u> de modo a contemplar a forma verbal indicada no final da frase. Considering the following sentences, 1 - Indicate your verb form; 2 - Change the sentences to include the verb form indicated at the end of the sentence.

a.   No seu quarto <u>extraíram-se</u> também impressões digitais (presente do indicativo).

Resposta: _____

b.   daí terem sido interrogados na polícia durante cerca de quatro horas (presente do infinitivo pessoal).

Resposta: _____

c.   de aparência solitária e que se foi passeando no pátio interior (pretérito imperfeito).
Resposta: _____

d.   para que a mesma chegasse para os dias que cada hóspede lá se hospedasse (imperativo afirmativo).
Resposta: _____

e. a partir desse dia nunca mais foi visto (pretérito imperfeito).

Resposta: _____

f. nem o homem sinistro voltou a aparecer (pretérito perfeito).

Resposta: _____

g. o qual se suponha ter sido assassinado (pretérito imperfeito do conjuntivo).

Resposta: _____

Exercício 16: Negação – Complete os espaços em branco com a palavra "nem" ou advérbio de negação "não". Complete the blanks with the word "nem" or the adverb of negation "não".

a. A sua atrapalhação foi tanta que _____sequer sabia para que lado se encontrava o cais.

b. _____que haja risco ele mergulhará sempre.

c. Tratava-se de um fato de mergulho seco, de tal modo que mergulhando nas águas do mar _____permitia entrar uma gota de água no corpo

d. Iriamos sempre fazer mergulho _____que o
    tempo estivesse frio.

e. era tão escuro que, sem o holofote, _____se via
    a água _____se via o cais.

Exercício 17: por engano: encontre a expressão em cada caixa que está lá por engano. Circle or underline the error in each box.

Raiar do sol Madrugada Tarde Romper do sol Manhã	Negócios Autor do crime Interrogatório Impressões digitais Dados falsos	Ameaçar Calafrio Sinistro Iluminar Medo	Vestígio Castigo Diabo Mergulho Entro

O REGRESSO

Se para lá fomos carregados porque os mantimentos também pesam, para cá vínhamos mais leves sem eles. Vínhamos mais leves e o trajeto para o cais de embarque também se tornou mais curto, visto que desta vez embarcamos num outro cais, bem perto do forte. O barco parecia ser o mesmo e até as pessoas pareciam ser as mesmas. Também o mar era o mesmo, mas desta vez, de tal modo bem mais calmo, que o Patrick não esboçou qualquer sinal de enjoo. Foram umas curtas férias, mas marcantes de acontecimentos para contar mais tarde. Pela frente tinha mais uma longa viagem de regresso à minha aldeia, aos meus pais e à minha cadela Toninha.

Desembarcamos às dez e meia, e à nossa espera estava a minha amiga Tina, juntamente com uma outa amiga, a Antonieta, que tinha sido nossa colega há um bom par de anos atrás e que a tinha vindo visitar. A Tina convidou-nos para almoçar.

Não podemos aceitar porque o meu amigo tinha pressa de partir, tinha uma reunião da parte da tarde na cidade mais próxima da sua aldeia. O Patrick era engenheiro civil e nesse dia já pegava ao trabalho. Combinamos ir todos tomar um café juntos, perto da casa da Tina. Nós no nosso carro, que tinha ficado estacionado perto da praia, num parque ali situado com o efeito de servir quem se deslocasse à ilha, e a Tina no carro dela, com a Antonieta. Lá estivemos os quatro à mesa do café, e eu manifestei à Antonieta que a achava um pouco diferente, estava a falar do aspeto físico. Ela perguntou-me se era melhor ou pior e eu respondi-lhe que era diferente, mas se calhar eram os meus olhos que me enganavam ou a diferença era o tempo que a fabricava. Todos nós estamos sempre diferentes a cada momento da vida.

Não, não foi o tempo que fabricou esta diferença, disse a Antonieta enquanto conversávamos, foi o Dr. Carlos, lá clinica da minha terra. Bem, na verdade parece-me que não estão simétricas as minhas orelhas, disse ela. Parece que uma está mais afastada da cabeça do que a outra. Era verdade, embora eu não o tivesse dito. Nunca antes eu tinha reparado que algo de errado se passava com as orelhas da Antonieta, mas, agora sim, algo de errado se passava. Parecia-me o Spock da série televisiva "a caminho das estrelas". De facto, a Antonieta, nunca gostou das suas orelhas e por isso se decidiu pela cirurgia estética.

Isto de mexer no corpo tem que se lhe diga. Quem o faz, tem de o fazer com a certeza que o faz bem porque caso contrário terá consequências que poderão ser irreparáveis. O nosso corpo é todo ele simétrico e qualquer alteração tem de contemplar de igual modo ambas as partes. Na minha opinião, as orelhas da Antonieta estavam bem melhores e mais bonitas antes da cirurgia. Enfim, coisas da vida. A nossa vontade às vezes trai-nos o destino.

Despedimo-nos e lá fomos nós, finalmente de regresso a casa, não sem antes termos parado num supermercado e comprado frango assado, pão, e bebidas, porque a viagem era longa e almoço metia-se pelo meio.

Após cerca de duas horas de viagem vislumbramos um local tranquilo, junto a um ribeiro onde paramos para almoçar o que trazíamos connosco e descansar um pouco. Como não havia onde deixar o lixo trouxemos com nós os restos sobrados do almoço. Na verdade, eram ossos do frango, com um pouco de carne agarrada, e pouco mais. Lá nos pusemos de novo a caminho, sempre no meu velho carro.

Um par de quilómetros à frente...uma raposa, uma raposa, gritou o Patrick! Parei o carro e a raposa também parou, virou-se para trás, a pouca distância de nós, talvez por aí uns dez metros, e olhou-nos fixamente, sem receio, nem raiva, pelo menos aparentemente. Parecia um cão, pequeno, focinho aguçado, um pelo castanho avermelhado e uma cauda farta e bonita.

Bem, é altura de dar utilidade ao que restou do almoço, pensei para comigo. Peguei nos nossos restos do almoço e lancei-os à raposa que comeu satisfeita. Depois, bom, depois, olhou-me uma penúltima vez, como que a agradecer e foi-se embora. Lá longe voltou a parar e virou o olhar para mim, pela última vez...Vai raposa, vai, disse o Patrick, que assistia a tudo isso atónito, cada um é para o que nasce e tu nasceste para ser livre. E lá foi ela...

Cais	– a pier
enjoo	– motion sickness
se calhar	– maybe
por aí	– thereabouts
farta	– abundant / thick and beautiful tail
atónito	– astounded, surprised

A raposa seguiu o destino dela e nós lá continuamos o nosso caminho. Na verdade, no Norte, para onde nos dirigíamos, viam-se cada vez menos pessoas e mais animais. Dizem as gentes das terras do interior norte que as pessoas de lá vão de partida para o estrangeiro porque a vida cá é difícil. As terras estão abandonadas, só cá restam os velhos a tomarem conta das casas grandes que fizeram para albergar a prol de filhos que, agora, também eles emigraram. Só cá vêm pelas festas para matar saudades nas suas raízes. Os filhos destes, já só falam francês, na sua maioria estão na França ou na Suíça. As casas que antes chegavam para todos e hoje sobra muito da casa, além do trabalho que dá limpar e manter casas tão grandes, algumas de gosto duvidoso.

Não sei para que servirão estas casas grandes e novas quando um dia os velhotes partirem. Será que os filhos regressam? E os netos regressarão? Quem irá trabalhar as poucas terras que ainda se trabalham? Quem tomará conta das casas? Enfim, muitas questões e as respostas são o tempo as dará!

Havendo menos pessoas há mais animais. Há sempre quem tome conta das terras que ficam para trás. Era frequente, por aqui, verem-se javalis a atravessarem, calmamente, as estradas, e todo o tipo de aves, das mais pequenas até às mais imponentes, como uma águia que vimos mais adiante, pousada no solo no seu ar confiante e desafiador, mas como era grande essa águia! De cada vez que se via uma, parecia ser um animal enorme.

Quem passa do Sul para o norte, a paisagem muda lentamente e sem se dar conta, das planícies alentejanas onde, de tão plano serem, não se consegue, por vezes, distinguir onde acaba a terra e começa o céu, até às zonas mais montanhosas, a norte, onde os abismos de algumas surpreendem pela beleza e atemorizam os mais destemidos, como os que se lançam de parapente sobre esses abismos. Há sempre, por estes lados, pontos coloridos nos céus.

O sol era forte e o calor intenso, mas o ar condicionado do meu carro, que eram as janelas abertas, refrescavam-nos os corpos e a mente também. Galgávamos terreno já há muitas horas quando finalmente avistamos Vale do Ouro, a aldeia onde

Prol   – a lot of
imponentes – imposing
dar conta   – we didn't understand
Galgávamos–

vivia o Patrick, a uns cerca de oito quilómetros da minha. Não sei porquê mas a luz que irradiava nessa aldeia eram raios dourados quer fosse ao raiar do dia ou quando este se desvanecia. As paisagens não são todas iguais, mesmo não se sabendo a razão há luzes que brilham de modos diferentes. É como as pessoas todos diferentes uns dos outros, cada uma com o seu brilho.

Os pais do Patrick já o esperavam. Foi uma festa, é sempre uma festa ver alguém em terras desabitadas de gente, mais ainda se esse alguém é dos nossos. Despedi-me de todos, do Patrick, especialmente, não sem antes marcarmos novo encontro, até porque, os amigos arranjam sempre maneira de dizerem presente.

Lá fui, finalmente sozinho, com o meu carro velho e os meus pensamentos.

Agora, para mim, havia mais silencia nos locais onde passava, havia apenas o som do vento nos pinheiros altos ao lado da estrada e o ar cheirava a árvores e terra seca. Seca estava também a minha boca, da sede pelo calor sufocante e também da ansiedade do regresso a casa.

Sabia que à minha espera iam estar também os meus velhos e a minha cadela Toninha. Eram saudades diferentes mas todas do mesmo tamanho, sim porque a Toninha era da família também. Pelo caminho fui pensando, em todos os verões, em todos os invernos, em todas as estações da vida. Hoje são os meus pais, amanhã serei eu a ser velho também, mas, antes disso, não deixei nunca de pensar na Belarmina, a minha namorada, que conheci recentemente no Algarve e que lá a deixei.

Ela chegará mais tarde, assim ficou combinado, os meus pais irão conhecê-la, e, depois, lá partiremos nós os dois, de férias, e para longe outra vez. É assim a vida, feita de partidas e chegadas, de abandonos e recomeços. Não sei se há presente, mas se houver sei que passa rápido, o futuro chega depressa e o importante é viver e estar-se bem com quem se quer.

a. O Patrick enjoou na viagem de regresso?

b. A que horas desembarcaram os dois amigos?

c. Qual foi a operação a que a Antonieta se submeteu?

d. Porque é que o Patrick tinha pressa de partir?

e. Que animal avistaram primeiramente e como interagiram com ele?

f. Para onde costumam emigrar as gentes daquelas terras do norte?

g. Descreva o segundo animal que eles presenciaram

h. Explique o sentido da frase: "Há sempre, por estes lados, pontos coloridos nos céus".

i. Como se chama a aldeia onde vive o Patrick?

j. Indique duas expressões usadas associadas aos pais já idosos.

k. Qual o nome e quem é a última personagem que aparece neste texto?

Para lembrança: "ser" e "estar".

Os verbos ser e estar têm propriedades semânticas que os diferenciam. O verbo "ser" indica uma qualidade permanente (O Joaquim é Português) e "estar" um estado transitório (estou com fome).

Exercício 19 – Treinar a diferença entre "ser" e "estar": Complete os espaços em branco usando apenas o verbo "ser" ou o verbo "estar". **Exercise the differences between "ser" and "estar".** Complete the blanks using only the verb "ser" or the verb "estar".

a) Hoje _____ a chover.

b) Eu _____ Professor, mas agora _____ reformado.

c) Os gémeos _____ parecidos fisicamente.

d) Ele _____ conhecido como zé das tricas.

e) O almoço _____ servido. Os convidados _____ a chegar.

f) Para mim, qualquer doce _____ saboroso.

g) A Ilse _____ alemã. Ela, atualmente _____ na Alemanha.

h) Onde _____ o Manuel. Ainda há pouco tempo _____ com os amigos.

i) Qual _____ a tua morada?

j) A casa _____ vendida.

k) A Mary _____ de luto.

l) _____ tanto calor, que as pessoas procuram locais frescos.

m) O João _____ adepto do clube local mas o Francisco não

_____ .

n) Eu _____ com fome.

o) Ele _____ casado com a Ana.

p) Eu _____ cansado.

q) O João _____ de estatura baixa.

r) Ele _____ morto.

s) Aquelas pessoas _____ parecidas, _____ irmãos?.

Exercício 1: a. Voltarei (Futuro); b. Precisava (Pretérito imperfeito); c. Deixar (Infinitivo); d. Haviam (Pretérito imperfeito); e. Colocado (Particípio); f. Avistava-se (Pretérito imperfeito); g. Ficou-me (Pretérito perfeito simples); h. Ligada (Particípio).

Exercício 2: a. professor; b. A Tina e ele no 2º andar, o Senhor João e a D. Maria no 1º andar. c. resposta livre. d. A dona Maria trabalha no campo e vende os seus produtos no mercado local. e. Preparou as coisas para a sua partida de regresso a casa.

Exercício 3: a. Distante; b. Horta; c. Sinuoso; d. Pacata e. recordação; f. Distinguir; g. Costume; h. Ernten=Colher; i. Chaminé; j. Arrumações; k. Pertences; l. Cadela.

Exercício 4: a. Compreende, conseguem; b. haverá, façam; c. deveu-se, ter; d. aconteceu, partido.

Exercício 5: a. Opel corsa de dois lugares; b. o radiador estava furado; c. porque conhecia relativamente bem Évora; d. o senhor Carapinha era mecânico de automóveis e era uma pessoa honesta; e. Em Peniche, na casa da Tina.

Exercício 6: a. Pernoitar; b. viajantes; c. avariar; d. razoavelmente; e. véspera; f. transportar; g. desafiar; h. ninho; i. natureza; j. filhotes.

Exercício 7:

a. Ficamos felizes porque nós encontramo-nos.
b. Depois que nós voltámos para casa.
c. Quando se passava a zona do equador.
d. Uns desejam descansar e outros fazer mergulho
e. Eles afugentavam-nos.
f. Depois que nós chegámos.

Exercício 8: **a.** F; **b.** F; **c.** V; **d.** F; **e.** F; **f.** V; **g.** V; **h.**) V.

Exercício 9: As soluções neste caso: 1e, 2d, 3b, 4a, 5c

Exercício 10: Possíveis respostas:

a. Os dois amigos entraram por uma imponente porta.
b. Lá em baixo junto à costa que os amigos avistavam das janelas dos quartos.
c. A gente não sabe como o peixe ali teria ficado preso ....
d. O autor ouviu um um estranho barulho no mar proveniente do **e.** disparo descontrolado de ar da botija da Jessica.

Exercício 11: e, d, f, a, c, b

Exercício 12: **a.** 1 – Pretérito mais que perfeito; 2 – Chegávamos muito cansados ao nosso destino. **b.** 1 – Pretérito perfeito simples; 2 – Enquanto eu entrava no quarto vinte e um...**c.** 1 – Presente do Indicativo; 2 – Recolhíamos nos quartos as nossas bagagens. **d.** 1 – Pretérito-mais-que-perfeito composto; 2 – O Patrick tomava um comprimido. **e.** 1 – Pretérito perfeito simples; 2 –

Esses alimentos eram o nosso jantar. **f.** 1 – Presente do Indicativo; 2 – As cegonhas faziam os seus ninhos em cima da montanha. **g.** 1 – Pretérito perfeito simples; 2 – Chegados ao seu destino os amigos descobriam...

Exercício 13: Respostas livres – individuelle Antworten

Exercício 14: a. Um desafio; **b.** Despir; **c.** Uma gota de água; **d.** Enganar-se; **e.** O meu primo; **f.** O colete.

Exercício 15:
a. 1 – pretérito perfeito (reflexivo)=pretérito mais que perfeito; 2 – No seu quarto extrai-se também...
b. 1 – Pretérito do infinitivo pessoal; 2 – daí serem interrogados...
c. 1 – Gerúndio; 2 – de aparência solitária e que se passeava...
d. 1 – pretérito imperfeito; 2 – para que a mesma chegue ...
e. 1 – Particípio passado; 2 – a partir desse dia nunca mais o viram
f. 1 – infinitivo; 2 – nem o homem sinistro apareceu.
g. 1 – pretérito do infinitivo pessoal; 2 – o qual se suponha que ele tivesse sido assassinado.

Exercício 16: a. Nem, **b.** Nem, **c.** Nem ou Não, **d.** Nem, **e.** Nem... Nem

Exercício 17: Tarde, negócios, iluminar, entro.

Exercício 18: a. Não, porque o mar estava mais calmo. – **b.** Desembarcaram ás dez e meia.- **c.** Ela fez uma operação de estética às orelhas que "não correu bem". - **d.** Ele tinha de trabalhar nessa mesma tarde. – **e.** Avistaram uma raposa e deram-lhe os ossos do frango que sobraram do piquenique ("almoço"). No fim o autor e a raposa despediram-se. – **f.** Normalmente costumam emigrar para França ou Suíça e os seus filhos só falam francês. – **g.** Era uma águia, uma ave imponente e enorme. – **h.** Nesta região há montanhas e há muita gente destemida que se lança de parapente sobre os abismos. Os pontos coloridos nos céus são as cores dos parapentes que ao longe parecem pontos coloridos no céu – **i.** A aldeia do Patrick chama-se Vale do Ouro. – **j.** Os meus velhos e os meus velhotes – **k.** É a namorada, Belarmina, que o autor conheçou no Algarve e quem ele vai apresentar aos pais antes de partir de férias com ela.

Exercício 19

a) Está; **b)** Sou, estou; **c)** são; **d)** é; **e)** está, estão; **f)** é; **g)** é, está; **h)** está, estava; **i)** é; **j)** está; **k)** está; **l)** está; é, é; **m)** é, é; **n)** estou; **o)** é; **p)** estou; **q)** é; **r)** está; **s)** são, serão.

FIM

Printed in Great Britain
by Amazon

26172203R00046